CATALOGUE
DES LIVRES

Qui se trouvent chez N. M. TILLIARD, Libraire à Paris, Quai des Augustins, entre la rue Gillecœur & la rue Pavée, à S. Benoît.

1759.

Ommentaire sur toute la Bible. Par le Pere Calmet, avec des Dissertations, &c. 16. vol. in-4°. fig.

On vend séparément les Volumes suivans.

La Genese, 1. vol. L'Exode & le Lévitique, un vol. Les Nombres & le Deuteronome, un vol.
Les quatre Livres des Rois, deux volumes.
Les Paralipomenes, un volume.
Esdras, ou Nehemias un volume.
Job, un volume.
Les Pseaumes, deux volumes.
Les Proverbes, un volume.
L'Ecclésiastique, un volume.
Isaïe, un volume.
Jérémie & Barruch, un volume.
Ezéchiel & Daniel, un volume.
Les douze petits Prophetes, un volume.
Les deux Livres des Machabées, un volume.
Saint Matthieu, un volume.
Les Actes des Apôtres, un volume.
Les Epitres de Saint Paul, deux volumes.
Les Epitres Canoniques & l'Apocalypse, un volume.
Nouvelles Dissertations, un volume.

Dictionnaire Historique, Critique, Chronologique, Géographique & Littéral de la Bible, par le même P. Calmet, avec plus de 300. planches en taille-douce. dern. Edit. 4. vol. in-fol.   150. liv.

A

Le même Dictionnaire, quatre vol. *in-fol.* grand papier. 200. l.

Réfléxions morales, avec des notes, sur le Nouveau Testament, par le P. *Lallemand*, de la Compagnie de Jesus, 12. vol. *in-*12. 30. l.

Les quatre premiers volumes, contenant la Concorde des Evangelistes, *se vendent séparément.*

Les cinq derniers volumes du même Livre, sçavoir les Tomes 8. 9. 10. 11. & 12. *se vendent aussi séparément.*

Du même Auteur. Le sens propre & litteral des Pseaumes de David, exposé briévement dans une interprétation suivie, avec le sujet de chaque Pseaume. Derniere Edition, 1. vol. *in-*12. 2. l. 10. s.

Les Témoins de la Résurrection de J. C. examinés & jugés selon les régles du Barreau, *pour servir de réponse aux objections du Sieur* Woolston, *& de quelques autres Auteurs; trad. de l'Anglois de* Mylord Sherlock, *Evêque de Londres*, par A. le Moine. On y a joint une Dissertation historique sur les Ouvrages de Woolston, sa condamnation, & les Ecrits publiés contre lui. 1. vol. *in-*12. 2. l. 10. s.

Du même Auteur. L'usage & les fins de la Prophétie dans les divers âges du Monde, en six Discours. *Avec plusieurs Dissertations savantes & très-curieuses; &c. Traduit en François par le même.* Nouvelle Edition. *La premiere faite en France, & considerablement augmentée par l'Auteur même.* 2. vol. *in-*12. 5. l.

Observations sur l'Histoire & sur les Preuves de la Résurrection de J. C. divisées en trois parties.

I. *Maniere neuve & naturelle de concilier les contradictions apparentes des récits évangéliques de la Résurrection de J. C.*

II. *Certitude des Preuves que les Apôtres en ont eues.*

III. *Solidité des motifs qu'ont les Chrétiens de la croire maintenant.* Traduit de l'Anglois de M. *Gilbert West*, sur la quatriéme Edition. 1. vol. *in-*12. 2. l. 10. s.

La Religion Chrétienne démontrée par la Conversion & l'Apostolat de S. Paul, *traduite de l'Anglois de* Mylord Lytleton, *avec deux Discours sur l'excellence intrinseque des saintes Ecritures.* Traduits de l'Anglois de M. Seed, 1. vol. *in-*12. 2. l. 5. s.

Méditations sur des passages choisis de l'Ecriture sainte pour tous les jours de l'année. Par le P. *Segnery*, de la Compagnie de Jesus, 1755. cinq vol. *in-*12. 12. liv. 10. sols.

De M. Collet, Prêtre de la Congrégation de la Mission & Docteur en Théologie.

Traité Historique, Dogmatique, & Pratique des Indulgences & du Jubilé, où l'on résout les principales difficultés qui regardent cette matiere, pour servir de Supplément aux Conférences d'Angers, 1759. 2. vol. *in-12*. 5. l.

Du même Auteur. Instructions & Prieres à l'usage des Domestiques, & des Personnes qui travaillent en ville, &c. Ouvrage qui peut servir aux Confesseurs. 1. vol *in-18*. 1. l. 10. s.

Traité des Devoirs d'un Pasteur, qui veut se sauver en sauvant son Peuple, &c. *Par le même M. Collet*, 1. vol. *in-12*. 2. l. 10. sols.

Les Quatre Fins de l'Homme, *avec des Réflexions capables de toucher les Pécheurs les plus endurcis, & de les ramener dans la voie du salut*. Par M. L. Rouhault, Curé de S. Pair sur la Mer. Nouvelle édition, corrigée & augmentée par M. Collet, 1. vol. *in-12*. 1. l. 16. s.

Voyages Liturgiques de France, *ou Recherches faites en Diverses Villes du Royaume, contenant plusieurs particularités touchant les Rits & les usages des Eglises; avec des Découvertes sur l'Antiquité Ecclésiastique & Payenne*. Par M. *de Moleon*, 1. vol. *in-8°*. 1757. *fig.* 4. l. 10. s.

Essais sur les Philosophes, ou les Égaremens de la Raison sans la foi. 1. vol. *in-12*. 2. l. 10. s.

Des vraies & fausses idées contre ce qu'enseigne l'Auteur de la Recherche de la vérité. Par M. *Ant. Arnaud*. 1. vol. 8°. 4. l.

Bibliotheca Sacra in binos syllabos distincta; labore & industria Jacobi Lelong, *Congregationis Oratorii Presbyteri*. 2. vol. *in-fol*. 21. l.

Bibliotheca Sacra ejusdem Lelong. 2. vol. *in-fol*. carta maxima. 30. l.

Veterum Scriptorum & Monumentorum Historicorum, Dogmaticorum Moralium, &c. Amplissimo Collectio. Studio & operâ Edmundi Martenne, *&* Ursini Durand, *Monachorum Benedictin. è Congregatione S. Mauri*. 9. vol. *in-fol*. 120. l.

De Veteribus Hæreticis Ecclesiasticorum Codicum Corruptoribus. Autore Bartholomæo Germon, *è Societate Jesu, Presbytero*, 1. vol. 8°. 5. l.

Venerabilis Hildeberti *prima Cenomanensis Episcopi, deinde Turonensis Archiepiscopi, Opera omnia. Accesserunt* Marbodi *Redonensis Episcopi Opuscula. Studio D.*

A ij

Ant. Beaugendre, Monachi Ord. Sancti Benedicti. 2 vol. in-fol. 21. l.

Sancti Anselmi Cantuariensis Archiepiscopi Opera omnia, nec non Eadmeri Monachi Cantuariensis Historia Novorum, & alia Opuscula. Studio D. Gabrielis Gerberon, Congregat. S. Mauri. 1. vol. in-fol. 21. l.

Sancti Optati Opera omnia. Operâ & studio Elies Dupin. Ultima editio. 1. vol. in-fol. 18. l.

Mémoires pour servir à l'Histoire Ecclésiastique des six Premiers siécles, justifiés par les Citations des Auteurs Originaux, avec des notes, &c. Par M. Le Nain de Tillemont. 16. vol. in-4°. 144. l.

On vend séparément les Volumes suivans des Mémoires pour servir à l'Histoire Ecclésiastique. Par M. de Tillemont, in-4°.

Le Tome Quatriéme, qui comprend la Persécution de l'Eglise sous l'Empereur Valerien, Vie de S. Etienne Pape, S. Sixte II. S. Laurent, S. Cyprien, S. Denis d'Alexandrie, Paul de Samosates, S. Gregoire le Thaumaturge, S. Felix Pape, S. Denis de Paris, & Autres, l'Histoire du Manichéisme, &c. avec des notes. 1. vol. in-4°.

Du même. Le Tome Cinquiéme, qui comprend la Persécution de Dioclétien, & celle de Licinius, & beaucoup de Martyrs dont on ignore l'époque. 1. vol. in-4°.

Du même. Le Tome Sixiéme, qui comprend l'Histoire des Donatistes jusqu'à l'Episcopat de S. Augustin; celle des Ariens jusqu'au regne de Théodose le Grand ; celle du Concile de Nicée, &c. 1. vol. in-4°.

Du même. Le Tome Septiéme, qui comprend les Histoires Particulieres depuis l'an 328. jusqu'en l'an 375. hors S. Athanase, & où l'on voit l'origine des Solitaires, des Cénobites, des Congrégations, des Chanoines Réguliers, &c. 1. vol. in-4°.

Du même Le Tome Huitiéme, qui contient les Vies de S. Athanase, & des Saints qui sont morts depuis l'an 378. jusqu'en 394. & les Histoires des Priscillianistes, des Messaliens, &c. 1. vol. in-4°.

Du même. Le Tome Neuviéme, qui contient les Vies de S. Basile, de S. Gregoire de Nazianze, de S. Gregoire de Nysse, & de S. Amphiloque, avec des notes, &c. 1. vol. in-4°.

Du même. Le Tome Dixiéme, qui contient les Vies de S. Ambroise, S. Martin, S. Epiphane, & de divers autres Saints morts à la fin du quatziéme siécle, & au commencement du cinquiéme, &c. 1. vol. in-4°.

Du même. *Le Tome Onziéme*, qui contient la Vie de S. Chryſoſtome, celles de Conſtance, Prêtre, de Sainte Olympiade, veuve, de Théophile, Patriarche d'Alexandrie, de Pallade, d'Hélenople, &c. 1. vol. *in-*4°.

Du même. *Le Tome Douziéme*, qui contient l'Hiſtoire de S. Jerôme & de divers autres Saints ou grands Hommes. 1. vol. *in-*4°.

Du même. *Le Tome Treiziéme*, qui contient la Vie de S. Auguſtin, dans laquelle on trouve l'Hiſtoire des Donatiſtes de ſon tems, & celle des Pélagiens, &c. 1. vol. *in-*4°.

Du même. *Le Tome Quatorziéme* qui comprend les Hiſtoires de S. Paulin, de S. Céleſtin Pape, de Caſſien, de S. Cyrile d'Alexandrie, & du Neſtorianiſme, &c. 1. vol. *in-*4°.

Du même. *Le Tome Quinziéme*, qui comprend les Hiſtoires de S. Germain d'Auxerre, de S. Hilaire d'Arles, de Théodoret, de S. Léon Pape, & de quelques autres Saints ou grands Hommes morts depuis 448. juſqu'à 461. 1. vol. *in-*4°.

Du même. *Le Tome Seiziéme*, qui comprend l'Hiſtoire de S. Proſper, de S. Hilaire Pape, de S. Sidoine, d'Acace de Conſtantinople, de S. Eugene de Carthage, & de la perſécution de l'Egliſe d'Afrique par les Vandales, d'Eupheme, de S. Macedone, Patriarches, de Conſtantinople, & de divers Autres Saints & Saintes ou Grands Hommes morts depuis 463. juſqu'à 513. 1. vol. *in-*4°.

Hiſtoire des Empereurs & des Autres Princes qui ont regné durant les ſix premiers ſiécles de l'Egliſe, de leurs Guerres contre les Juifs, des Ecrivains Profanes, & des Perſonnes les plus illuſtres de leur tems, &c. Par le même M. Tillemont. 6. vol. *in-*4°. 54. l.

On vend auſſi ſéparément quelques Volumes de l'Hiſtoire des Empereurs, in-4°.

Hiſtoire Romaine, Depuis la fondation de Rome, avec les Citations, des notes Hiſtoriques, Géographiques & Critiques, des Gravures en taille-douce, des Cartes Géographiques, & Pluſieurs Médailles, &c. Avec l'Hiſtoire des Empereurs. Par les Peres Catrou & Rouillé, de la Compagnie de Jeſus. 21. vol. *in-*4°. 168. l.

Le même Livre, 21. vol. *in-*4°. grand pap. fig.

Tous les volumes, depuis le tome 13ᵉ juſqu'au tome 21ᵉ, ſe vendent ſéparément.

Des mêmes Auteurs. L'Histoire de la République Romaine en entier, avec 106. planches en taille-douce. 20. vol. *in-*12. fig. 60. l.

Musæum Italicum, seu Collectio Veterum Scriptorum ex Bibliothecis Italicis eruta, à D Joanne Mabillon *&* D. Michaele Germon, *Benedict. Sancti Mauri.* 2. vol. *in-*4°. *cum figuris.* 18. l.

Méthode pour étudier l'Histoire. Par M. l'Abbé *Lenglet du Fresnoy.* 6. vol. *in-*4°. grand pap. fig.

Du même Auteur. Supplément à la Méthode pour étudier l'Histoire, avec un Catalogue des principaux Historiens, & des Remarques sur la bonté & le choix de leurs éditions, 2. vol. *in-*4°. grand pap. 24. l.

Le même Supplément, en 3. vol. *in-*12. 9. l.

Méthode pour étudier la Géographie, où l'on donne une Description exacte de l'Univers, &c. avec un Discours Préliminaire sur l'étude de cette Science, & un Catalogue des Cartes géographiques, Relations, Voyages & Descriptions nécessaires pour la Géographie. Par M. l'Abbé *Lenglet du Fresnoy.* 8. vol. *in-*12. fig. *Nouvelle édition sous Presse.*

Géographie abrégée, par demandes & Réponses, divisée par Leçons, avec la Liste de quelques Cartes nécessaires aux Commençans; sixiéme édition, augmentée du Plan de l'ancienne Géographie, & des Systêmes du Monde, avec plusieurs Cartes; par le même M. l'Abbé *Lenglet.* 1. vol. *in-*12. 1. l. 16. s.

Le Royaume de France & les Etats de Lorraine, disposés en forme de Dictionnaire, contenant les noms de toutes les Provinces, Villes, Bourgs du Royaume, & des Rivieres qui y passent, le nombre des feux dont elles sont composées, les Généralités, Elections, Diocèses, Bailliages, Sénéchaussées, Prévôtés, Vigueries, Sergenteries, Bureaux des Finances, Bureaux des Fermes de Tabac, Greniers à Sel, Amirautés, Jurisdictions Consulaires, &c. dont elles dépendent, avec des Tables alphabétiques également curieuses & utiles: l'une de tous les Archevêchés & Evêchés de France, avec le nom des Provinces où ils sont situés, ainsi que les Généralités dont ils dépendent, & leur distance de Paris, l'autre des plus considérables Foires du Royaume, où l'on marque les Villes & Bourgs où elles se tiennent, les jours où elles s'ouvrent, leur nature & leur durée; le troisiéme qui indique les Routes de toutes les Villes, avec les Généralités dont elles dépendent, leur distance de la Capitale, &c. Ouvrage composé sur les Mémoires les plus exacts & les plus récens, & enrichi d'une Liste indicative des meilleures Cartes Géographiques des Provinces, Evêchés & Généralités du Royaume, &c. Par M. *Doisy*, Directeur du Bureau des Parties Casuelles du Roi. 1. vol. *in-*4°. *d'environ* 1200. *pages.* 12. l.

Histoire Généalogique & Chronologique de la Maison Royale de France, des Pairs, Grands Officiers de la Couronne, de la Maison du Roi, &c. Par le P. *Anselme* 9. vol. *in-fol.* 150. l.

Les Œuvres d'*Etienne Pasquier*, contenant ses Recherches de la France, son Plaidoyer pour M. le Duc de Lorraine, celui de M. Versoris pour les Jésuites contre l'Université de Paris : *Clarorum Virorum ad* Stephanum Pasquierium *Carmina* ; *Epigrammatum Libri sex* ; *Epitaphiorum Liber*, *Iconum Liber*, *cum non nullis* Theod. Pasquierii *in Francorum Regum Icones notis.* Ses Lettres ses Œuvres mêlées, & les Lettres de *Nicolas Pasquier*, fils d'*Etienne.* 2. vol. *in-fol.* 36. l.

Histoire de la Jurisprudence Romaine, contenant son Origine & ses Progrès depuis la fondation de Rome jusqu'à présent : le Code Papyrien, & les Loix des douze Tables, avec des Comment. l'Hist. de chaque Loi en particulier, avec les Antiquités qui y ont rapport, &c. Par M. *Terasson.* 1. vol. *in-fol.* 18. l.

Mélanges Historiques & Philologiques, avec des notes. Par M. *Michault.* 2. vol. *in-*12. Nouv. édit. 5. l.

La Maniere de Négocier avec les Souverains. Par M. *de Callieres.* 2. vol. *in-*.2. 5. l.

Nouvelles Découvertes sur la Guerre dans une Dissertation sur Polybe, &c. Par M. le Chevalier *Folard.* 1. vol. *in-*12. 3. l.

Tables Astronomiques dressées & mises en lumieres par les ordres & par la magnificence de Louis le Grand. Par M. *de la Hire*, Professeur Royal de Mathématiques, & de l'Académie des Sciences. Troisiéme édition. 1755. *in-*4°. *fig.* 8. l.

Eædem Tabulæ Astronomicæ ejusdem de la Hire, *latinè.* Un vol. *in-*4°. *fig.* 7. l.

Traité des Diamans & des Perles, où l'on considere leur importance ; on établit des régles certaines pour en connoître la juste valeur, & où l'on donne la vraie méthode de les tailler. On y trouve aussi des Observations curieuses également utiles aux Négocians & aux Voyageurs, & qui intéreſſent même la Politique. Par *David Jeffries*, Jouaillier. Traduit de l'Anglois. 1. vol. *in-8°*. fig. 4. l.

Tableaux tirés de l'Iliade, de l'Odyſſée d'Homere & de l'Enéide de Virgile; avec des Obſervations Générales ſur le Coſtume. Par M. le Comte *de Caylus*. 1757. un vol. *in-8°*. 5. l.

L'Hiſtoire d'Hercule le Thébain, tirée de différens Auteurs, à laquelle on a joint la Deſcription des Tableaux qu'elle peut fournir, &c. par le même Auteur M. le Comte *de Caylus*. 1758. 1. vol. *in-8°*. 3. l. 12. ſ.

Diſſertation ſur l'Ancienne Inſcription de la Maiſon Carrée de Niſmes. Par M. *Séguier*, de l'Académie Royale de Niſmes, de celles de Bologne, Palerme & Vérone, Correſpondant des Académies des Sciences de Paris, Toulouſe & Montpellier. 1759. Brochure *in-8°*. fig. 1. l. 10. ſ.

Hiſtoire de Saladin, Sultan d'Egypte & de Syrie, avec une Introduction, une Hiſtoire abrégée de la Dynaſtie des Ayoubites, fondée par Saladin, des notes critiques, hiſtoriques, géographiques & quelques Piéces juſtificatives. Par M. *Marin*. 1758. 2. vol. *in-12*. fig. 6. l.

Mémoires pour ſervir à l'Hiſtoire d'Eſpagne, ſous le Regne de Philippe V. petit-fils de Louis XIV. Traduit de l'Eſpagnol de M. le Marquis *de S. Philippe*. 4. vol. *in-12*. fig. 12. l.

Pauſanias, ou Voyage hiſtorique de la Gréce. Traduit en François, avec des Remarques, par M. l'Abbé *Gédouin* de l'Académie Françoiſe, Sciences & Belles-Lettres. 2. vol. *in-4°*. fig. 18. l.

Le même Livre, 2. vol. *in-4°*. grand pap. 27. l.

Deſcription du Cap de Bonne-Eſpérance, où l'on trouve tout ce qui concerne l'Hiſtoire naturelle du Pays, la Religion, les mœurs & les uſages des Hottentots, &c. 3. vol. *in-12*. fig. 7. l. 10. ſ.

Les Têtes folles. Roman de M. le Chevalier *L. B.* 1. vol. *in-12*. 1. l. 10. ſ.

Dictionnaire Anatomique Latin - François; contenant l'explication des termes les plus utiles & les plus connus, avec leurs définitions exactes. 1. vol. *in-12*. 2. l.

Hiſtoire Générale des Cérémonies, Mœurs & Coûtumes Religieuſes de tous les Peuples du Monde, repréſentées en 243. figures Deſſinées de la main de *Bernard Picart*; avec des explications hiſtoriques, &c. Par M. l'Abbé *Banier*.

Banier. Paris, 7. vol. *in-fol.* fig. 200. l.
Les mêmes, en grand papier, 7. vol. *in-fol.*
La même Histoire Générale des Cérémonies, Mœurs &
 Coutumes Religieuses de tous les Peuples du Monde,
 &c. avec les figures gravées par Picart. 9. vol. *in-fol.*
 Edition d'Hollande.
Le même Ouvrage, en grand papier, 9. vol. *in-fol.* d'Hollande.
On vend séparément plusieurs Volumes de cette Edition, en petit & en grand papier.
Superstitions anciennes & modernes: préjugés vulgaires
 qui ont induit les peuples à des usages & à des pratiques
 contraires à la Religion. *Amsterdam.* 2. vol. *in-fol.*
 grand & petit papier, avec des *figures* qui représentent
 ces pratiques.

ASSORTIMENS.

THEOLOGIE, &c.

Remarques Historiques, Critiques & Philosophiques
 sur le Nouveau Testament. Par *Beausobre.* La Haye,
 2. vol. *in-*4°. 15. l.
Joan. Harduini Commentarius in Novum Testamentum, &c.
 Hagæ Comitum. 1. vol. *in-fol.* 18. l.
Evangeliarium Quadruplex latinæ Versionis antiquæ, *seu*
 Veteris Italicæ, nunc primùm in lucem editum à Josepho
 Blanchino Veronensi, Congregat. Oratorii. Romæ. 4.
 vol. *in-fol.* carta majori.
Abrahami Trommii Concordantia Græca, cujus voces secundum ordinem elementorum sermonis græci digestæ
 recensentur, &c. *Amstelodami.* 2. vol. *in-fol.*
Concordance des Saints Peres Grecs & Latins. Par Dom
 Maréchal, Bénédictn. 2. vol. *in-*4°. 15. l.
Epitome Historico-Chronologico Gestorum omnium Patriarcharum, Ducum, Judicum, Regum, & Pontificum Populi Hebraici ab Adam ad Agrippam Jun. à propriis cujusque iconibus aucta, &c. Aut. Barthol. Gajo. Romæ.
 1. vol. *in-fol.* fig.
Vérité de la Religion Chrétienne; avec l'art de se connoître soi-même. Par *Abbadie.* 4. vol. *in-*12. 8. l.
Le sens littéral de l'Ecriture Sainte défendu contre les
 principales objections des Antiscripturaires, & des In-

crédules modernes, &c. avec une Dissertation sur les Démoniaques. Par *Stakhouse*. La Haye, 3. vol. *in*-12.
7. l. 10. f.

Défense de la Religion tant naturelle que révélée, contre les Infidéles & les Incrédules, extraite des Ecrits publiés pour la fondation de M. Boyle, par les plus habiles gens d'Angleterre, & traduite par M. *Gilbert Burnet*. La Haye, 6. vol. *in*-12. 18. l.

Dissertation Théologique & critique, dans laquelle on tâche de prouver par divers passages des Saintes Ecritures, que l'Ame de J. C. étoit dans le Ciel une Intelligence pure & glorieuse, avant que d'être unie dans le sein de la Bienheureuse Vierge Marie. *Londres*, Brochure *in* 12.
1. l. 4. f.

De Suprema Romani Pontificis autoritate hodierna Ecclesiæ Gallicæ doctrina. Avenione, 2. vol. *in*-4°.

Concilia magnæ Britanniæ & Hiberniæ, à Synodo Verolanensi, ab anno 446. *ad annum* 1717. *Accedunt Constitutiones & alia ad Historiam Ecclesiæ Anglicanæ spectantia, &c. A Davide Wilkins collecta*. Londini, 4. vol. *in-fol*.

Bibliothéque des Prédicateurs du P. *Oudri*, complette, en 22. vol. *in*-4°. 132. l.

Sermons du P. *Bourdaloue*, 15. vol. *in*-12. gros caractères,
45. l.

Les mêmes, 15. vol. petits caractères. 35. l.
Les Pensées *du même*, grand *in*-12. 3. vol. 9. l.
Les mêmes, 3. vol. petit *in*-12. 6. l.
Les Sermons de M. *Massillon*, Evêque de Clermont. 15. vol. *in*-12. derniere édition. 38. l.
Les mêmes, en petits caractères, 13. vol. *in*-12. 26. l.
Sermons du Pere *de la Rue*, pour l'Avent & le Carême. 4. vol. *in*-8°. 12. l.
Les Sermons du P. *Bretonneau*, pour l'Avent & le Carême, sur les Mystères & Panégyriques, &c. 7. vol. *in*-12. 18. l.
Les Homélies de *Montmorel* 10. vol. *in*-12. 25. l.
Conférences Ecclésiastiques de Paris sur le Mariage. Par le P. Le Semelier. 5. vol. *in*-12. 13. l.
Du même Auteur. ——— Sur l'Usure & la Restitution. 4. vol. *in*-12. 11. l.
Conférences du Diocèse d'Angers. Nouvelle Edition plus exacte que les précédentes. 21. vol. *reliés en* 14. vol. *in*-12. 42. l.
Théologie de Poitiers. 6. vol. *in*-12. 15. l.

Les Œuvres Spirituelles de M. *de Fenelon*, avec les Lettres Spirituelles. 5. vol. *in*-12. 12. l. 10. f.
Histoire universelle, par M. *Bossuet*, Evêque Meaux. 2. vol. *in*-12. 5. l.
Méditations sur les Evangiles, *par le même*. 4. vol. *in*-12. 10. l.
Histoire des Variations des Eglises Protestantes, avec les Avertissemens aux Protestans. *Par le même*. 4. vol. *in*-12. 10. l.
Recueil des Opuscules de M. *Bossuet*, 5. vol. *in*-12. 12. l. 10. f.
Année Chrétienne, & Exercices de Piété pour tous les jours de l'Année, &c. Par le P. *Croisset*. 18. vol. *in*-12. 54. l.
Lettres Provinciales, avec les notes de Wendrock. 4. vol. *in*-12. *petit papier*. 9. l.
Traité de la Paix intérieure, en quatre parties. *Paris*, 1758. 1. vol. *in*-12. 2. l. 10. f.
La Régle de S. Benoît, expliqué selon son véritable Esprit. Par M. l'Abbé *de Rancé*. 2. vol. *in*-12. 5. l.
Vie de S. François de Sales. Par M. *Marsolier*. 2. vol. *in*-12. 5. l.
Vie de S. Charles Borromée, Archevêque & Cardinal de Milan. Par M. *Godeau*, Evêque de Vence. 2. vol. *in*-12. 4. l.

JURISPRUDENCE.

Histoire du Droit Public, Ecclésiastique, François, &c. 2. vol. *in*-12. 5. l.
Le même Livre en 2. vol. *in*-4°. 12. l.
Les Loix Civiles dans leur ordre naturel, le Droit Public, & *Legum delectus*. Par M. *Domat*. Derniere Edition. 1. vol. *in-fol*. 24. l.
Les Loix Ecclésiastiques. Par M. *D'Hericourt*. Derniere Edition. Un vol. *in-fol*. 24. l.
Le Droit de la Guerre & de la Paix. Par *Hugues Grotius*. Nouvelle traduction par *Jean Barbeyrac*, avec des notes. Basle. 2. vol. *in*-4°. 18. l.
Code Frédéric, *ou Corps de Droit pour les Etats du Roi de Prusse*, &c. Par M. *Formey*. 3. vol. *in*-8°. 9. l.
Fœdera, Conventiones, Litteræ, & cujuscumque generis Acta Publica inter Reges Angliæ, & alios quosvis Imperatores, Reges, Pontifices, Principes, &c. ab ineunte seculo duodecimo ad nostra usque secula. Accurante Th.

Rymer. *Editio tertia.* Hagæ-Comitis. 1739. 10. vol. *in-fol.* fig.

Œuvres de M. *Antoine D'Espeisses*, Avocat & Jurisconsulte, où toutes les plus importantes Matieres du Droit Romain sont méthodiquement expliquées & accommodées au Droit François, &c. Nouvelle Edit. 1750. 3. vol. *in-fol.* 60. l.

Causes célèbres & intéressantes, avec les Jugemens qui les ont décidées. Par M. *Gayot de Pitaval*. 10. vol. *in-12.* 50. l.

Traité de la Police, où l'on trouve l'Histoire de son établissement, toutes les Loix & tous les Réglemens qui les concernent. Par M. *de la Mare*. 4. vol. *in-fol.* avec figures, 120. l.

Différens Livres de Jurisprudence dont le Catalogue est imprimé séparément.

SCIENCES ET ARTS.

Analyse de la Philosophie du Chancelier *Bacon*; avec sa Vie. 3. vol. *in* 12. 7. l. 10. s.

La Physique de l'Ame Humaine. Par M. *Godart.* Un vol. *in-12.* 3. l.

Manuel Philosophique, *ou* Précis des Sciences, &c. 2. vol. *in-12.* fig. 5. l.

Caractères de Théophraste. Par *De la Bruyere.* 2. vol. grand *in-12.* 6. l.

Les mêmes, 2. vol. *in-12.* petit papier. 5. l.

Traité du vrai Mérite de l'Homme considéré dans tous les Ages & dans toutes les Conditions. Par M. *De Claville.* 2. vol. *in-12.* 4. l.

Ecole du Monde, *ou* Instructions d'un Pere à son fils. Par M. *Le Noble.* 4. vol. *in-12.* 9. l.

Mélanges Philosophiques de M. *Formey.* 2. vol. *in-12.* 5. l.

La Recherche de la Vérité, par le P. *Mallebranche.* 4. vol. *in-12.* 12. l.

Les Œuvres de *Pope.* Nouv. Edit. d'*Holl.* 7. vol. *in-8º.* 21. l.

Les Œuvres de M. *De Montesquieu.* Nouv. Edit. 3. vol. *in-4º.* 36. l.

Du même, l'Esprit des Loix. 4. vol. *in-12.* 10. l.

Le Spectateur, *ou* le Socrate Moderne, Traduit de l'Anglois. 9. vol. *in-12.* petit papier. 18. l.

Le même, 3. vol. *in-4º.* 24. l.

Histoire du Traité de Paix de Westphalie ou des Négociations qui se firent à Munster & Osnabrug. Par le Pere *Bougeant*. 6. vol. *in-*12. 15. l.

Négociations de M. le Comte *Davaux*. 6. vol. *in-*12. 15. l.

Mémoires & Négociations de M. le Comte D'Estrades, tant en qualité d'Ambassadeur de S. M. T. C. en Italie, en Angleterre & en Hollande que comme Ambassadeur Plénipotentiaire à la Paix de Nimégue, conjointement avec M. Colbert & le Comte D'Avaux, avec les Réponses du Roi & du Secrétaire d'Etat. Ouvrage où sont compris l'Achapt de Dunkerque, & plusieurs autres choses intéressantes. *Nouvelle Edition*. Hollande. 9. vol. *in-*12. 30. l.

Essai sur l'Histoire Naturelle des Corallines, & d'autres productions marines du même genre qu'on trouve communément sur les Côtes de la Grande Bretagne & d'Irlande, &c. Par *Jean Ellis*. La Haye. 1758. Un vol. *in-*4°. *avec* 40. *planches*. 15. l.

Limnæi Systema Naturæ, *in-*8°. cum fig.

Ejusdem, *Elenchus Animalium Succiæ*, &c. *in-*8°. Les deux vol. 6. l.

Hœmastatique, *ou* La Statique des Animaux, Expériences Hydrauliques faites sur des Animaux vivans, avec un Recueil de quelques Expériences sur les Pierres que l'on trouve dans les Reins & dans la Vessie, & des Recherches sur la Nature de ces concrétions irrégulieres, &c. Traduit de l'Anglois de M. *Hales*. Geneve, 1744. Un vol. *in-*4°.

Histoire Naturelle du Cabinet du Roi. Par M. *D. Buffon*. 7. vol. *in-*4°. *fig*.

Le même Ouvrage, 14. vol. *in-*12. *fig*.

Le Spectacle de la Nature, *ou* Entretiens sur les Particularités de l'Histoire Naturelle, &c. Par M. *Pluche*. 8. vol. *in-*12. *fig*. 29. l.

Du même, l'Histoire du Ciel, 2. vol. *in-*12. fig. 5. l.

De Corporibus Marinis lapidescentibus, quæ de fossa reperiuntur, aut Aug. Scilla, addita Dissertatione Fabii Columnæ de Glossopetris. Romæ. 1. vol. *in-*4°. *cum fig*.

Dictionnaire universel d'Agriculture, & de Jardinage, de Fauconnerie, Chasse, Pêche, Cuisine & Manége. 2. vol. *in-*4°. 18. l.

Instructions pour les Jardins Fruitiers & Potagers, &c. Par M. *De la Quintinye*. 2. vol. *in-*4°. *fig*. 15. l.

Joan. Bapt. Morandi, Historia Botanica, Practica, seu Plan-

tarum, *quæ ad usum Medicinæ Pertinent: Nomenclatura, Descriptio & Virtutes*, &c. Mediolani, 1744. Un vol. *in-fol.* cum fig. ad Vivum Delineatis.

Jacobi Zanoni Rariorum Stirpium Historia, nunc centum plus Tabulis ampliata, &c. Bononiæ. 1742. Un vol. *in-fol.* cum fig. nitid.

Fabii Columnæ Phytobazanos, seu de Plantis. Florentiæ, Un vol. *in-4°.* cum fig.

Hippocratis Aphorismi, Gr. Lat. Glasg. 1758. Un vol. *in-18.*

Dictionnaire Botanique & Pharmaceutique, contenant les principales Propriétés des Minéraux, Végétaux, avec les préparations internes & externes les plus usitées en Médecine & en Chirurgie. 1. vol. *in-8°.*   5. l.

Méthode naturelle de guérir les maladies du Corps, & les déréglemens de l'Esprit qui en dépendent. Traduite de l'Anglois de M. *Cheyne* par M. *De la Chapelle*. 2. vol. *in-12.*   5. l.

De la Génération des Vers dans le corps de l'Homme, de la nature & des espéces de cette maladie, des moyens de s'en préserver & de la guérir. Par M. *Andry*. 2. vol. *in-12.* fig.   6. l.

Richardi Morton Opera omnia Medica. Genevæ. 3. vol. *in-4°.*

Pharmacopée Royale, Galenique & Chymique, &c. Par M. *Charuas*, Docteur en Médecine. Nouvelle Edition, 1753. 2. vol. *in-4°.* fig.   15. l.

Le Manuel des Dames de Charité, *ou* Formules de Médicamens faciles à préparer, avec un Traité abrégé sur l'usage des différentes Saignées. Nouvelle Edition. Un vol. *in-12.*   2. l. 10. s.

Prosp. Alpinus de Præsagienda vita & morte ægrotantium. Venetiis. Un vol. *in-4°.*   7. l. 10. s.

Abrégé du service de Campagne, tel qu'il a été fait pendant la derniere Guerre par les Troupes de la République des Provinces-Unies: avec quelques changemens qu'on pourroit y faire. La Haye. Un vol. *in-8°.* avec fig.

Instructions pour les Mariniers, contenant la maniere de rendre l'Eau de la Mer potable, de conserver l'Eau douce, le Biscuit, le Bled ; de saler les Animaux & diverses Expériences physiques. Par M. *Hales*. La Haye. Vol. *in-12.*   2. l. 10. s.

Dissertation sur l'origine du Nil. Un vol. *in-4°.*   5. l.

Mémoires Militaires sur les Grecs & les Romains, &c. Par M. *Guischart*. La Haye, 1758. 2. vol. *in-4°.* avec *plusieurs Plans & figures.* 21. l.

La Science de la Guerre, *ou* Connoissances nécessaires pour tous ceux qui entreprennent la Profession des Armes. Un vol. *in-8°. fig.* broché. 2. l. 8. f.

Dictionnaire Militaire, *ou* Recueil Alphabétique de tous les Termes propres à l'Art de la Guerre. 3. vol. *in-12.*
9. l.

La Science des Personnes de Cour, d'Épée & de Robe, contenant les Traités suivans : La Religion, l'Astronomie, la Géographie, la Chronologie, l'Histoire, les Intérêts des Princes, &c. Par M. *De Chavigny.* 8. vol. *in-12. avec beaucoup de Cartes & Planches en taille-douce.* 29. l.

Mémoires présentés à M. le Duc d'Orléans, Régent de France, contenant les moyens de rendre ce Royaume très-puissant, d'Augmenter les Revenus du Roi & du Peuple. Par M. *De Boulainvilliers.* 2. vol. *in-12.*
4. l. 10. f.

Recueil de différens Projets d'Architecture, de Charpente, & Autres, concernant la construction des Ponts, &c. Par feu M. *Pitrou*, Inspecteur Général des Ponts & Chaussées de France. Un vol. *in-fol. grand papier, contenant 35. Planches, dont plusieurs sont de deux & trois feuilles parfaitement gravées, &c.* Proposé par souscription. Broché en carton. 48. l.

Arbuthnotii Tabulæ Antiquorum Nummorum, Mensurarum & Ponderum, Pretiique rerum Venalium, variis Dissertationibus explicatæ. Trajecti ad Rhenum, 1756. vol. *in-4°. fig.* 12. l.

Discours sur la Parallaxe de la Lune, pour perfectionner la Théorie de la Lune & celle de la Terre. Par M. *De Maupertuis.* Un vol. *in-8°.*

Considérations & Recherches sur les Finances de France. Par M. *De Fourbonnois*, 6. vol. *in-12.* 18. l.

BELLES-LETTRES.

De la Maniere d'Enseigner & d'Étudier les Belles-Lettres. Par M. *Rollin*, 4. vol. *in-12.* 10. l.

Du même Auteur. L'Histoire Ancienne, 13. vol. *in 12.*
34. l.

Les Études convenables aux Demoiselles, contenant la Grammaire, la Poésie, la Rhétorique, le Commerce des Lettres, la Chronologie, la Géographie, l'Histoire, la Fable, les Régles de la Bienséance, & un court

Traité d'Arithmétique, 2. vol. *in*-12. 5. l.
Novitius, feu *Dictionnarium Latino-Gallicum*, *Schreveliana methodo Digeftum*. 2. vol. *in*-4°. 18. l.
Dictionnaire Italien & François, François & Italien, de *Veneroni*. Dern. Edit. 2. vol. *in*-4°. 18. l.
Grammaire Italienne du même, 1. vol. *in*-12. 2. l. 10. f.
On trouve chez le même différens *Dictionnaires & Grammaires en Langue Italienne*.
Ricchiffimo Dizzionario Greco-Volgare & Italiano. Parigi, 2. vol. *in*-4°.

Collection de Livres Italiens fur différentes matieres, tant Poëtes qu'Hiftoriens, &c. Anciens & modernes.

Dictionnaire portatif pour la Langue Françoife. Par *Richelet*. Un vol. *in*-8°. 5. l.
Dictionnaire abrégé de la Martiniere, *in*-8°.
Abrégé du Dictionnaire de Trevoux, 2. vol. *in*-4°.
Dictionnaire Géographique portatif de *Vofgien*. Nouvelle Edit. Un vol. *in*-8°. 4. l. 10. f.
Dictionnaire Hiftorique, portatif de M. l'Abbé *L'Advocat*. 2. vol. *in*-8°. 9. l.
Dictionnaire portatif des Beaux Arts. Par M. *De la Combe*. Avocat. Un vol. *in*-8°. 4. l.
Abrégé Chronologique de l'Hiftoire Ancienne, &c. Par le même, vol. *in*-8°. 5. l.
Dictionnaire abrégé de la Fable ; par M. *Chompré*. Un vol. *in*-12. 2. l. 10. f.
Dictionnaire de la Bible, en abrégé ; par le même. Un vol. *in*-12. 2. l. 10. f.
Dictionnaire Théologique, portatif, &c. Un vol. *in*-8°. 4. l. 10. f.
Dictionnaire portatif des Conciles, &c. Un vol. *in*-8°. 4. l. 10. f.
Dictionnaire des Livres Janféniftes, ou qui favorifent le Janfénifme, 1752. 4. vol. *in*-12. 10. l.
Abrégé Chronologique de l'Hiftoire & du Droit Public d'Allemagne, &c. Un vol. *in*-8°. 5. l.
Abrégée Chronologique de l'Hiftoire moderne du Nord, &c. 2. vol. *in*-8°. Par M. *De la Combe*.
Abrégé Chronologique de l'Hiftoire Eccléfiaftique ; par M. *Macquer*, Avocat. 2. vol. *in*-8°. 10. l.
Abrégé Chronologique de l'Hiftoire Romaine, du même. Un vol. *in*-8°. 4. l. 10. f.
Theocriti Opera quæ extant ex editione Heinfii. Grecè, Glafcuæ, un vol. *in*-4°.

Longini

Longini Commentarius de Sublimitate. Gr. Lat. Glafg. 1751. Un vol. *in*-8°.

Diſſertation ſur Homere, &c. Par l'Abbé *Teraſſon.* 2. vol. *in*-12. 5. l.

Les Œuvres de Virgile, traduites en François avec le latin à côté ; par M. l'Abbé *Desfontaines.* 4. vol. *in*-8°. 12. l.

Fables miſes en Vers par M. *De la Fontaine.* 2. vol. *in*-12. fig. 6. l.

Les mêmes, petit *in*-12. un vol. 2. l. 10. ſ.

Les Œuvres complettes de M. *De Voltaire*, Edition de Paris. 22. vol. *in*-12. 59. l.

Les Œuvres complettes de M. *De Fontenelle.* Nouvelle Edition. 10. vol. *in*-12. avec fig. 30. l.

Œuvres de *Chapelle* & de *Bachaumont*, 1755. Un vol. *in*-12. 2. l. 10. ſ.

Recueil de différens Auteurs du Théatre François, &c. dont la note eſt imprimée ſéparément.

Mythologie expliquée par M. l'Abbé *Banier.* 8. vol. *in*-12. 20. l.

Explications des Fables ; par le même, 3. vol. *in*-12. 7. l. 10. ſ.

Métamorphoſes d'Ovide ; par le même, 3. vol. *in*-12. 7. l. 10. ſ.

Les Aventures de Dom Quichotte repréſentées en figures par *Coypel*, *Picart le Romain*, & autres habiles Maîtres. *La Haye*, un vol. *in*-4°. grand papier, avec 31. planches. 30. l.

Vida y Hechos del ingenioſo Hidalgo Don Quixotte De la Manche. Hollande. 4. vol. *in*-12. avec de fort belles figures. 15. l.

Aventures de Dom Quichotte, derniere Edition ; 6. vol. *in*-12. fig. 15. l.

Les Nouvelles Aventures du même, traduites par M. *Le Sage* ; 2. vol. *in*-12. fig. 5. l.

Suite des Aventures de Dom Quichotte, 6. vol. *in*-12. figures. 15. l.

Les Aventures de Télémaque, fils d'Ulyſſe ; par M. *De Fenelon.* Nouvelle Edition enrichie de 26. figures en taille-douce, 2. vol. *in*-12. 4. l. 10. ſ.

Zaïde, Hiſtoire Eſpagnole ; par M. *De Segrais*, avec un Traité de l'origine des Romans, par M. *Huet.* 2. vol. *in*-12. 5. l.

La Princeſſe de Cleves ; derniere Edition : deux Tomes en un vol. *in*-12. 2. l. 10. ſ.

C

Amufement de la Campagne, ou Nouvelles Rufes innocentes qui enfeignent la manière de prendre toutes fortes d'Oifeaux & de Bêtes à quatre pieds, avec un Traité de la Pêche & de la Chaffe. 2. vol. *in*-12. *fig.* 5. l.

Bibliothéque de Cour, de Ville & de Campagne. 7. vol. *in*-12. 17. l. 10. f.

Mémoires & Aventures d'un Homme de Qualité qui s'eft retiré du monde ; par M. l'Abbé *Prevoft*. 8. vol. *in*-12. 18. l.

Le Philofophe Anglois, ou Hiftoire de M. *Cleveland*; par M. l'Abbé *Prevoft*. 6. vol. *in*-12. 15. l.

La Vie de Mariane, ou les Aventures de Madame la Comteffe de * * * par M. *De Marivaux*. 4. vol. *in*-12. 9. l.

La Payfanne parvenue ; par M. le Chevalier *De Mouhy*. 4. vol. *in*-12. 9. l.

Les Egaremens du Cœur & de l'Efprit. Par M. *De Crebillon* fils. 2. vol. *in*-12. 4. l. 10. f.

Le Spectateur François ; par M. *De Marivaux*. Deux vol. *in*-12. 5. l.

Recueil des Lettres de Madame la Marquife *De Sévigné*. Nouvelle Edit. 8. vol. *in*-12. 20. l.

Le même Recueil des Lettres. 8. vol. petit *in*-12. 16. l.

Lettres Péruviennes ; par Madame *De Graffigny*. 2. vol. *in*-12. *fig.* 5. l.

Les mêmes, Italiennes & Françoifes, 2. vol. *in*-12.

Cafauboni Epiftolæ infertis ad eafdem Refponfionibus quotquot reperiri potuerunt , curâ Almeloveen. Rotterd. 2. vol. *in-fol.*

Amufemens de la Toilette, ou Recueil des faits les plus finguliers, Tragiques & Comiques, paffés en Hollande, Angleterre & en France, &c. *La Haye*. 1756. 2. vol. *in*-12.

HISTOIRE.

Elémens de l'Hiftoire, par *Vallemont*. Nouvelle Edition confidérablement augmentée. 5. vol. *in*-12. 12. l. 10. f.

Nouvelle Introduction à la Géographie moderne, contenant un Abrégé d'Aftronomie, un Traité de l'ufage des Globes, une connoiffance fuccinte de toutes les Parties de la Terre & de l'Eau ; de leur fituation, de leur étendue, de leur Qualité, du Gouvernement de la Religion, du Commerce & des Mœurs des Peuples, &c. Par J. *Palairet*. Londres. 3. vol. *in*·8°. *fig.* 10. l.

Géographie moderne abrégée. Par M. *Nicole de la Croix*. Nouvelle Edition, 2. vol. *in*-12. 6. l.

Dionysii Patavii Doctrina Temporum, &c. Ultima Editio. Antuerp. 3. vol. *in-fol.*

Voyage du Tour du Monde, traduit de l'Italien de *Gemelli Careri*. 6. vol. *in*-12. avec beaucoup de figures. 15. l.

Les Voyages de Cyrus, avec un Discours sur la Mythologie. Par M. *Ramsay*. deux vol. *in*-12. 4. l. 10. s.

Description de l'Isle de Sicile, & de ses Côtes maritimes, avec les Plans de toutes ses Forteresses ; un Mémoire de l'Etat Politique de la Sicile présenté au Roi Victor Amédée. *Amsterdam*. Un vol. *in*-8°. fig.

Délices de la Grande Bretagne, les Antiquités, Provinces, Villes, Bourgs, Montagnes, Rivieres, Ports de mer, Bains, Forteresses, Abbayes, Eglises, Académies, Colléges, Bibliothéques, Palais, Maisons de Campagne, &c. Par *Beverell*. Leyde. 8. vol. *in*-12. avec fig. 24. l.

Histoire d'Angleterre de *Rapin Thoiras*. Derniere édition, 26. vol. *in*-4°. 150. l.

Histoire Navale d'Angleterre, &c. 3. vol. *in*-4°. 30 l.

Histoire des dernieres Révolutions d'Angleterre, par *Burnet*. Hollande, 4. vol. *in*-4°. avec tous les Portraits très-bien gravés.

Hist. de France abrégée, par *Mezeray*. 14. vol. *in*-12. 35. l.

Abrégé de l'Histoire de France, par le P. *Daniel*, 12. vol. *in*-12. 30 l.

Histoire de France, par M. l'Abbé *Velli*. 6. vol. *in*-12. 15. l.

Les Tomes 7. & 8. sous Presse.

Abrégé Chronologique de l'Histoire de France, ornée de vignettes & figures en taille-douce, à laquelle on a joint le Supplément à ladite Histoire. Un vol. *in*-4°. 27. l.

La même sans gravures. 2. vol. *in* 8°. 10. l.

Abrégé de l'Histoire de France & Romaine, par Demandes & Réponses. De M. *Le Ragois*. Un vol. *in*-12. 2. l. 10. s.

Histoire des Révolutions de France ; par M. *De la Hode*. 4. vol. *in*-12. 10. l.

Le même Ouvrage, un vol. *in*-4°. Hollande.

Histoire des Guerres Civiles de France, avec des notes critiques, &c. Traduite de l'Italien de *Davila*. 3. vol. *in*-4°. 36. l.

Description de Paris, par *Germain Brice*. 4. vol. *in*-12.

Nouvelle Edition, avec 42. Planches, & le Plan de Paris. 12. l.
Hiſtoire d'Eſpagne de Ferreras. 10. vol. in-4°. fig. 100. l.
Révolutions d'Eſpagne, par le P. D'Orléans. Cinq vol. in-12. 12. l. 10. ſ.
Révolutions Romaines, par M. l'Abbé De Vertot. 3. vol. in-12. 7. l. 10. ſ.
Du même, Révolutions de Suede. Deux vol. in-12. 5. l.
Du même, Révolutions de Portugal. Un volume in-12. 2. l. 10. ſ.
Du même, Hiſtoire de Malthe, 7. vol. in-12. 17. l. 10. ſ.
Hiſtoire des Révolutions de Hongrie, où l'on donne une idée juſte de ſon légitime Gouvernement. Avec les Mémoires du Prince Rakoczy ſur la Guerre de Hongrie, & ceux du Comte Betlem Niklos ſur les affaires de Tranſilvanie. La Haye, 2. vol. in-4°. 15. l.
Mémoires de Maximilien de Bethune, Duc de Sully, 3. vol. in-4°. 30. l.
———— Les mêmes, 8. vol. in-12. 20. l.
Mémoires de Comines. Nouvelle Edition donnée par M. l'Abbé Lenglet. 4. vol. in-4°.
Mémoires de M. De Torcy. 3. vol. in-12. 7. l. 10. ſ.
Mémoires du Marquis Maffei, Lieutenant Général des Troupes de l'Electeur de Baviere, & enſuite de celles de l'Empereur, contenant une exacte deſcription de pluſieurs fameuſes expéditions militaires, &c. A la Haye, 1740. deux vol. in-12. 5. l.
Hiſtoire des Conjurations, Conſpirations & Révolutions célébres de l'Univers. 10. vol. in-12. 25. l.
Poëme de Pétrone ſur la Guerre Civile entre Céſar & Pompée ; avec deux Epîtres d'Ovide. Le tout traduit en Vers François, avec des Remarques, & des conjectures ſur le Poëme intitulé *Pervigilium Veneris*. Amſterdam, un vol. in-4°.
Caſtrucci Bonamici Comment. de Bello Italico, nec non de *Rebus ad Velitras Geſtis*. Lugd. Bat. 5. vol. in-8°. grand papier.
De rebus ad Velitras Geſtis, 1. vol. in-8°. ſeparatim.
Hiſtoire de l'Ordre Militaire des Templiers, ou Chevaliers du Temple de Jeruſalem, depuis ſon établiſſement juſqu'à ſa décadence & ſa ſuppreſſion. Bruxelles, 1757. 1. vol. in 4°. fig. 10. l.
Burmanni Trajectum Eruditum, Virorum Doctriná illuſtrium, qui in Urbe Trajecto & Regione Trajectenſi nati ſunt, ſive ibi habitarunt, Vitas, fata, & ſcripta exhibens. Ultraj. 1750. vol. in-4°. 10. l.

Joh. Erb. Rau, Monumenta Vetuſtatis Germanica. Ultraj.
1. vol. *in*-8°. fig.

SUPPLÉMENT.

Introduction au Saint Miniſtère. Par M. l'Abbé *Maugin.*
1758. 3. vol. *in*-12.

La Cité Myſtique de Dieu, &c. Par Sœur Marie de Jeſus,
dite d'*Agreda.* Bruxelles. 3. vol. *in*-4°.   18. l.

Le même Livre, en 8. vol. *in*-12.   15. l.

Théologie Payenne, *ou* Sentimens des Peuples les plus
célébres, & des Philoſophes Payens ſur Dieu, ſur l'A-
me, & ſur les devoirs de l'Homme. par M. *De Burigny.* 2. vol. *in*-12.   6. l.

*Sancti Jacobi Niſibeni Opera omnia, nunc primum edita,
Armeno-Latinæ.* 1757. *Romæ.* Un vol. *in-fol.*

*Zegeri Bernardi Van-Eſpen, Juris utriuſque Doctoris
Opera omnia, quatuor tomos comprehenſa.* Editio no-
viſſima. 4. vol. *in-fol.*   96. l.

Bibliotheca Orientalis Clementino-Vaticana. Studio Joſephi
Simonii Aſſemani Syri Maronit. *Romæ.* 4. vol. *in-fol.*

*Græca Divi Marci Bibliotheca Codicum Manuſcriptorum,
per titulos Digeſta, &c. Venetiis.* 1. vol. *in-fol.* fig.

La Guerre Séraphique, &c. On y a joint une Diſſertation
ſur l'Inſcription du Portail de l'Egliſe des Cordeliers
de Rheims. *A la Haye.* 1740. 1. vol. *in*-12.

Traité ſur les Apparitions des Eſprits, des Anges, des Dé-
mons, & ſur les Vampires ou Revenans de Hongrie.
Par le R. P. *Calmet*, Bénédictin. Nouvelle édition. 2.
vol. *in*-12.   6. l.

Abrégé de la Vie des plus Fameux Peintres, avec leurs
Portraits gravés en taille-douce, les indications de leurs
principaux Ouvrages, quelques Réflexions ſur leurs
caractères, & la maniere de connoître les deſſeins des
Grands Maîtres. Par M. *D'Argenville*, Maître des
Comptes, des Sociétés Royales de Londres & de
Montpellier. 3. vol. *in*-4°. fig.   48. l.

Le Supplément à la Vie des plus fameux Peintres. Le Tome troiſiéme, qui ſe vend ſéparément. 1. vol. *in*-4°.
  12. l.

Hiſtoire Naturelle éclaircie dans une de ſes parties principales, la Conchyliologie, *ou* Traité des Coquillages,
dans lequel on trouve une nouvelle Méthode & une
Notice critique des principaux Auteurs qui ont écrit ſur

cette matière, enrichie de figures dessinées d'après nature. Par M. *D'Argenville* 1. vol. *in-*4°. grand pap.

L'Histoire Naturelle éclaircie dans une de ses parties principales, l'Oryctologie, qui traite des Terres, des Pierres, des Métaux, des Minéraux, & autres Fossiles, &c. *Par le même.* 1. vol. *in-*4°. grand pap. *avec figures dessinées d'après nature.*

Voyage Pittoresque de Paris, *ou* Indication de ce qu'il y a de plus beau en cette grande Ville en Peinture, Sculpture & Architecture. Nouvelle édition. Par M. *D'Argenville* fils, Maître des Comptes. 1. vol. *in-*12. 3. l.

Voyage Pittoresque des Environs de Paris, *ou* Description des Maisons Royales, Châteaux & Autres Lieux de plaisance situés à 15 lieues aux environs de Paris. *Par le même.* 1. vol. *in-*12. 3. l.

Lithogéognosie, *ou* Examen chymique des Pierres, des Terres en général, & du Talc de la Topaze & de la Stéatite en particulier, avec une Dissertation sur le feu & sur la lumière, &c. Par M. *Pott.* Traduit de l'Allemand. 2. vol. *in-*12. 5. l.

Traité des Pierres de Théophraste, traduit du Grec avec des notes physiques & critiques. Traduit de l'Anglois de M. *Hill*, auquel on a ajouté deux Lettres du même Auteur sur les couleurs du Saphir & de la Turquoise, & l'autre sur les effets des différens Menstrues sur le Cuivre. 1. vol. *in-*12. 2. l. 5. s.

Cours de Chymie. Par M. *Lemery.* Nouvelle édition, revue, corrigée & augmentée par M. *Baron*, Docteur en Médecine. 1. vol. *in-*4°. 15. l.

Elémens de Chymie Théorique & Pratique. Par M. *Macquer.* 3. vol. *in-*12. 7. l. 10. s.

Minéralogie, *ou* Description générale des Substances du Regne Minéral. Par M. *Jean Gostchalk Wallerius.* Traduit de l'Allemand. 2. vol. *in-*8°. fig. 12. l.

De la Fonte des Mines & des Fonderies, & de ce qui en dépend. Ouvrage traduit de l'Allemand de *Christophe-André Schlutter*, qui traite des Essais des Mines & Métaux, de l'Affinage & Raffinage de l'Argent, du Départ de l'Or, &c. Un vol. *in-*4°. 10. l.

Le second volume pour les Fontes en grand. 1. vol. *in-*4°. avec 55. figures. 15. l.

Œuvres Physiques & Minéralogiques de M. *Lehmann.* Traduite de l'Allemand en François par M. le Baron *De Holback.* 3. vol. *in-*12. *avec fig.* 9. l.

Art de la Verrerie de Neri, Merret & Kunckel. Traduit

de l'Allemand par M. le Baron *De Holback*. Un vol.
in-4°. *avec fig.* 14. l.
Herbarium Diluvianum collectum à Joanne-Jacobo Scheutzero, *Med*. 1. vol. *in-fol. cum fig.*
Thesaurus Imaginum Piscium testaceorum , quales sunt Cancri , Echini , Echimometra , Stella marina , &c. Aut. Georgio Everhardo Rumphio *, cum figuris nitidissimè æri incisis*. Hagæ Comitum. 1. vol. *in-fol.*
Dictionnaire raisonné & universel des Animaux, ou Le Regne Animal. 4. vol. *in*-4°. *proposé par souscript*. 24. l.
Cours de Chirurgie, &c. dicté aux Ecoles dn Médecine. Par M. *Elie-Col-De Villars*. 6. vol. *in*-12. 15. l.
Traité des Affections vaporeuses du Sexe, avec l'opposition de leurs symptômes, de leurs différentes causes, & la méthode de les guérir. Par M. Raulin, Médecin ordinaire du Roi. 1. vol. *in*-12. 2. l. 10. f.
Les Comptes faits. Par M. Barreme. 1. vol. *in*-12. 2. l. 10. sols.
L'Arithmétique *du même*, 1. vol. *in*-12 2. l. 10. f.
L'Arithmétique en sa perfection. Par M. *Le Gendre*. 1. vol. *in*-12. 2. l. 10. f.
Scientia Eclipsium ex imperio & Commercio Sinarum illustrata , complectens integras Constructiones Astronomicas P. Jacobi Philip. Simonelli, *Observationes Sinicas,&c.* Romæ. 1747. 2. vol. *in*-4°. *cum fig*.
Davidis Gregorii Astronomia , &c. Genevæ, 1726. Deux vol. *in*-4°. *fig*.
L'Origine ancienne de la Physique nouvelle, où l'on voit par des Entretiens par Lettres, ce que la Physique nouvelle a de commun avec l'ancienne, & les moiens qui ont amené la Physique à ce point de perfection. Par le R. P. Regnault. 3. vol. *in*-12. *fig*. 7. l. 10. f.
Entretiens Physiques d'Aristé & d'Eudoxe, ou Physique nouvelle en Dialogues qui renferment ce qui s'est découvert de plus curieux & de plus utile dans la nature, *du même Auteur*. 5. vol. *in*-12. *fig*. 12. l. 10. f.
La Logique, *du même Auteur*. 1. vol. *in*-12. 2. l. 10. f.
Institution de Géométrie, enrichie de notes critiques & philosophiques sur le développement de l'Esprit humain, avec un Discours sur l'étude des Mathématiques, &c. Par M. *De la Chapelle*. 2. vol. *in*-8°. *fig*. derniere édition. 9. l.
La Science des Négocians, par M. *De la Porte*. Dern. édit. Un vol. *in*-8°. 5. l.
La Bibliothéque des jeunes Négocians. Par M. *De la Rue*. 1758. 2. vol. *in*-4°.

Réflexions sur différens objets du Commerce, & en particulier sur la libre fabrication des Toiles peintes. 1759. Brochure *in-12*. 1. l. 4. f.

Recueil Historique d'Actes, Négociations, Mémoires & Traités depuis la Paix d'Utrecht jusqu'à présent. Par M. *Rousset*. La Haye, 23. vol. *in-8°*.

Le Dictionnaire Universel de Trevoux. 7. vol. *in-fol.* Nouvelle édition. 168. l.

Supplément au Dictionnaire de Trevoux, pour servir aux Editions précédentes. 1. vol. *in-fol.* 34. l.

Lettres choisies de M. *De la Riviere*, Gendre de M. le Comte *de Bussy-Rabutin*, avec la Relation du Procès qu'il a eu avec sa femme & son beau-pere. 2. vol. *in-12.* 5. l.

Lettre du Roi de Pologne, Duc de Lorraine & de Bar, &c. au sujet de sa Sortie de Dantzig. 1. vol. *in-12.* Broch.

Epître d'Héloïse à Abaillard, traduite de l'Anglois, avec un Abrégé de la Vie d'Abaillard. 1758. Broch. *in-8.* 12. f.

Histoire des Révolutions de l'Empire de Constantinople, depuis la fondation de cette Ville jusqu'à l'an 1413. que les Turcs s'en rendirent maîtres. Par M. *De Burigny*. 3. vol. *in-12.* 7. l. 10. f.

Vie de Grotius, avec l'Histoire de ses Ouvrages, & des Négociations auxquelles il fut employé. *Par le même.* 2. vol. *in-12.* 5. l.

Vie d'Erasme, avec l'Histoire de ses Ouvrages. *Par le même.* 2. vol. *in-12.* 7. l. 4. f.

Nouveaux Mémoires d'Histoire, de Critique & de Litt. Par M. l'Abbé *D'Artigny*. 7. vol. *in-12.* 21. l.

Comédies de Plaute, nouvellement traduites en style libre, naturel & naïf, avec des notes & des Réflexions enjouées de Critique, d'Antiquité, de Morale & de Polit. Par M. *Gueudeville*. Leyde. 10. vol. *in-12. fig.* 15. l.

Histoire Universelle de Diodore de Sicile. Trad. en Fr. par M. l'Abbé *Terasson*. 7. vol. *in-12.* dern. édit. 21. l.

Voyages faits en Asie dans les XII. XIII. XIV. & XV. siécles. Par Pierre Bergeron. La Haye. 2. vol. *in-4°. fig.*

Marmora Pisaurentia, Notis illustrata. 1. vol. in-fol. fig.

Varii Musæi Italiæ, &c. quorum extat Catalogus apud eumdem Typographum in-fol. fig.

On trouve chez le même beaucoup d'autres Livres, tant de France que des Pays étrangers, dont il a des notes manuscrites ou imprimées, beaucoup de Livres Italiens, & un fonds de Livres anciens sur toutes sortes de matieres. Le même Libraire fait Catalogues, Prisées, Ventes de Livres, achette en gros Cabinets & Bibliothéques.

www.ingramcontent.com/pod-product-compliance
Lightning Source LLC
Chambersburg PA
CBHW070532050426
42451CB00013B/2970